Brumes de fjords

Renée Vivien

© 2025, Renée Vivien (domaine public)
Édition : BoD · Books on Demand, 31 avenue Saint-Rémy, 57600 Forbach, bod@bod.fr
Impression : Libri Plureos GmbH, Friedensallee 273, 22763 Hamburg (Allemagne)
ISBN : 978-2-3225-5790-5
Dépôt légal : Avril 2025

PREMIÈRE PARTIE

(TRADUITE DE POÈMES NORVÉGIENS)

À mon Amie

H. C. L. B.

Les Vents

LES VENTS

Comme je m'acheminais vers la colline, je rencontrai le Vent du Nord.

Il était vêtu d'un grand manteau de neige et sa couronne de glaçons étincelait.

Il me dit : « Laisse-moi t'emporter vers les immuables blancheurs.

« Tu verras les aurores incomparables, les mers immobiles et lumineuses, les montagnes de cristal qui flottent sur les eaux et les solitudes pâles au fond de l'éternel silence. »

Je répondis au Vent du Nord :

« *Mon âme est retenue au village par le sourire indécis d'une vierge.* »

Le Vent du Nord s'enfuit dans un frisson d'ailes.

Comme je m'acheminais vers la colline, je rencontrai le Vent de l'Est.

Il était vêtu de pourpre et sa couronne de rayons flamboyait.

Il me dit : « Laisse-moi t'emporter vers la lumière.

« Tu verras le faste des couleurs, les dorures des pagodes aux clochetons bizarres, le chatoiement soyeux des robes de mousmés et la naissance glorieuse du Soleil. »

Je répondis au Vent de l'Est :

« *Mon âme est retenue au village par le sourire indécis d'une vierge.* »

Le Vent de l'Est s'enfuit dans un frisson d'ailes.

Comme je m'acheminais vers la colline, je rencontrai le Vent du Sud.

Il était vêtu d'or et sa couronne d'étoiles resplendissait.

Il me dit : « Laisse-moi t'emporter vers l'azur.

« Tu verras les forêts aux végétations paradoxales, la grâce des lionnes et la subtilité des panthères, les reptiles indolents et splendides, les temples et les ruines, les sphinx accroupis dans les déserts, les oasis et les mirages, et l'inexprimable magnificence des fleurs. »

Je répondis au Vent du Sud :

« *Mon âme est retenue au village par le sourire indécis d'une vierge.* »

Le Vent du Sud s'enfuit dans un frisson d'ailes.

Comme je m'acheminais vers la colline, je rencontrai le Vent de l'Ouest.

Il était vêtu de vert tendre et sa couronne de perles rayonnait.

Il me dit : « Laisse-moi t'emporter vers la mer.

« Tu verras l'infini des horizons ruisselants et le charme mystique des brumes, le passage des voiles dont la blancheur légère se colore, vers le soir, de violet et d'orange, et l'étendue fabuleuse des Océans. » Je répondis au Vent de l'Ouest :

« *Mon âme est retenue au village par le sourire indécis d'une vierge.* »

Le Vent de l'Ouest s'enfuit dans un frisson d'ailes.

Le Cygne noir

LE CYGNE NOIR

Sur les ondes appesanties, flottait un nuage de cygnes clairs.

Ils laissaient un reflet d'argent dans leur sillage.

Vus de loin, ils semblaient une neige ondoyante.

Mais, un jour, ils aperçurent un cygne noir dont l'aspect étrange détruisait l'harmonie de leurs blancheurs assemblées.

Il avait un plumage de deuil et son bec était d'un rouge sanglant.

Les cygnes s'épouvantèrent de leur singulier compagnon.

Leur terreur devint de la haine et ils assaillirent le cygne noir si furieusement qu'il faillit périr.

Et le cygne noir se dit : « Je suis las des cruautés de mes semblables qui ne sont pas mes pareils.

« Je suis las des inimitiés sournoises et des colères déclarées.

« Je fuirai à jamais dans les vastes solitudes.

« Je prendrai l'essor et je m'envolerai vers la mer.

« Je connaîtrai le goût des âcres brises du large et les voluptés de la tempête.

« Les ondes tumultueuses berceront mon sommeil, et je me reposerai dans l'orage.

« La foudre sera ma sœur mystérieuse, et le tonnerre, mon frère bien-aimé. »

Il prit l'essor et s'envola vers la mer.

La paix des fjords ne le retint pas, et il ne s'attarda point aux reflets irréels des arbres et de l'herbe dans l'eau ; il dédaigna l'immobilité austère des montagnes.

Il entendait bruire le rythme lointain des vagues…

Mais, un jour, l'ouragan le surprit et l'abattit et lui brisa les ailes…

Le cygne noir comprit obscurément qu'il allait mourir sans avoir vu la mer…

Et pourtant, il sentait dans l'air l'odeur du large…

Le vent lui apportait un goût de sel et l'aphrodisiaque parfum des algues…

Ses ailes brisées se soulevèrent dans un dernier élan d'amour.

Et le vent charria son cadavre vers la mer.

Lamentation

LAMENTATION

FRÉIA *la Déesse a disparu.*

Elle est venue jadis à l'aube du printemps.

Elle est l'incarnation de la beauté de l'Univers.

Ses cheveux ont l'or triste des feuillages d'automne.

Ses yeux sont verts et bleus comme les fjords,

Sa chair est plus blanche que le clair de lune sur la neige mystérieuse au sommet des montagnes.

Ses veines sont pareilles aux fleuves.

Sa robe a le rythme des vagues.

Elle est l'incarnation de la beauté de l'Univers.

Fréia la Déesse est venue jadis à l'aube du printemps.

Elle est venue de la mer lointaine :

Un vol de mouettes la précédait,

Et le vent du large suivait ses pas.

Les nuages l'ont vue passer,

Et les nuages ont resplendi, les nuages se sont revêtus d'or et de roses.

Les montagnes l'ont vue passer :

Elles se sont parées de bruyère et de thym, d'églantines et de gentianes.

Les arbres l'ont vue passer :

Ils se sont constellés de fleurs et de feuillages.

Les oiseaux l'ont vue passer :

Ils ont chanté dans le soleil.

Mais Fréia l'Immortelle a disparu.

Elle a disparu dans le crépuscule.

Elle est venue de la mer.

Elle est partie vers la mer,

Les mouettes l'ont suivie vers la mer lointaine.

Fréia la Déesse a disparu.

Elle reviendra dans l'aube d'un printemps futur.

Quand elle reparaitra, la terre tressaillira d'allégresse.

Quand elle sourira, les hommes seront consolés.

Elle apportera le bonheur qu'on cherche éternellement,

La justice, l'opulence, l'amour et la paix.

Fréia la Déesse a disparu.

Depuis des jours sans nombre, les hommes l'attendent avec des larmes, des gémissements et des râles.

Ils l'attendent avec des prières et des lamentations,

En la suppliant de reparaître et de leur sourire,

Afin qu'ils soient à jamais heureux,

Afin qu'ils soient à jamais consolés.

La Mendiante

LA MENDIANTE

LA *plus belle des filles de la Norvège était une mendiante qui mendiait sur les grands chemins...*

Elle avait les yeux bleus comme les lointains, cendrés comme le crépuscule, violets comme l'ombre des arbres et verts comme l'Avril.

Car la couleur de ses yeux changeait suivant la couleur de sa pensée.

La plus belle des filles de Norvège était une mendiante qui mendiait sur les grands chemins...

Et elle tira profit de la blancheur de sa chair, en se prostituant à tous ceux qui passaient sur la route.

Il advint qu'on célébra devant le Roi la beauté de cette femme.

Le Roi la fit appeler auprès de lui, mais elle ne se rendit point à son appel,

Car elle aimait le vent et la poussière des grands chemins…

Le Roi la fit amener de force.

Et elle vint en pleurant,

Car elle aimait le vent et la poussière des grands chemins…

Ses cheveux flamboyaient autant que l'automne et que le soleil couchant.

Et le Roi mit sur les cheveux d'or rouge l'or pâle d'une couronne.

La mendiante et la prostituée devint la Reine glorieuse.

La Reine dit un jour à ses jeunes suivantes

« Mon front est las de porter le poids de la couronne.

« *Autrefois le vent des grands chemins soufflait dans ma chevelure…*

« Mes pieds nus étaient imprégnés du parfum des prairies.

« Je dormais parmi la tiédeur du foin coupé.

« Et mes lèvres connaissaient l'infini des baisers jamais pareils…

« *Autrefois le vent des grands chemins soufflait dans ma chevelure…*

« Et les mendiants et les voleurs et les bergers se disputaient mes caresses et s'égorgeaient dans la nuit pour moi.

« L'azur était mon palais, et le soleil était ma couronne…

« *Autrefois le vent des grands chemins soufflait dans ma chevelure…* »

Et, lorsque tomba la nuit, elle se glissa hors de la couche royale,

Et s'enfuit vers les grands chemins.

Longtemps, on la chercha au fond des solitudes et des ravines.

Et l'on retrouva son corps sous les bluets et les pâquerettes.

Un de ses amants des grands chemins l'avait égorgée pendant la nuit.

On la laissa dormir parmi le foin coupé.
Le vent des grands chemins soufflait dans sa chevelure...
Autour d'elle flottait le parfum des prairies.

Les Morts

LES MORTS

Je cueillis la fleur mystérieuse qui prend racine dans le cœur des Morts,

J'emportai la lampe funèbre qui brûle sur les tombes,

Et je pénétrai jusqu'au domaine des Morts, afin d'obtenir d'eux le secret de leur oubli des choses, et de leur enviable paix.

Une vierge dormait en un cercueil d'ivoire.

Elle dormait d'un sommeil pur, que ne traversait point l'ombre d'un songe. Elle dormait, très blanche, en un cercueil d'ivoire.

Je touchai ses lèvres avec la fleur mystérieuse qui prend racine dans le cœur des Morts.

Et la Morte parla d'une voix alanguie :

« Je dors sans rêves sous la terre parfumée,

« *Parce que je n'ai point connu l'amour.* »

Et ses lèvres se turent, souriantes.

Un roi était enseveli en un cercueil d'or.

Je touchai ses lèvres avec la fleur mystérieuse,

Et le roi me répondit :

« Je dors d'un sommeil heureux sous la terre.

« J'ai connu le fracas des assauts, la sonorité des clairons et des cris de bataille, le piétinement des armées, l'angoisse ardente des luttes et l'éclat des victoires ;

« J'ai connu la toute-puissance, l'orgueil et la splendeur sans limites, et le vaste rayonnement d'une couronne ;

« *Mais je n'ai point connu l'amour,*

« Et c'est pourquoi je dors sans regrets sous la terre. »

Un prophète dormait en un cercueil d'ébène.

Je touchai ses lèvres avec la fleur mystérieuse,

Et le prophète me répondit :

« Je dors d'un sommeil paisible sous la terre, « Je sais le secret des espaces et des nombres, des océans et des aurores.

« J'ai interrogé les astres et le silence, j'ai sondé résolument l'épouvantable univers, j'ai affronté l'horreur de l'Inconnu,

« Je me suis incliné sur les abîmes et je me suis enfoncé dans les ténèbres.

« Mais, aujourd'hui, je dors d'un sommeil paisible sous la terre,

« *Car je n'ai point connu l'amour.* »

Et je vis la face torturée d'un Mort qui ne dormait qu'à demi, oppressé par un cauchemar.

Je touchai ses lèvres avec la fleur mystérieuse.

Il gémit d'une voix de souffrance :

« J'ignore le sommeil attiédi sous la terre…

« Les Morts, mes voisins, dorment divinement.

« Parfois, ils se retournent sur leur couche sereine.

« Le sol qui les recouvre est pareil à un velours parfumé… Ils écoutent obscurément les bruits voilés de l'existence qui ne les atteignent plus.

« Ils sentent germer, sourdre et grandir l'effort des plantes et des fleurs vers le lointain soleil…

« Ils devinent le souffle du vent sur l'herbe, et l'odeur des violettes dans l'ombre… Et les clartés mélancoliques du soir se glissent jusqu'à leur solitude et se mêlent à leur songe… Les Morts, mes voisins, dorment d'un heureux sommeil…

« Moi, je suis éternellement inquiet,

« *Car j'ai connu l'amour…*

« Je souffre de la beauté d'une femme.

« Je l'ai voluptueusement haïe et amèrement aimée. Ses caresses avaient le charme d'un péril et l'attrait inavouable d'une trahison. Par elle, j'ai su l'ivresse de la douleur.

« Les Morts, mes voisins, dorment d'un heureux sommeil, mais moi, je suis éternellement inquiet,

L'Ondine

À

l'Ondine

L'ONDINE

UN soir d'automne, je vis l'Ondine qui sourit au fond des fjords.

Sa voix ruissela dans le silence tiède.

« Donne-moi des roses, des roses pour ma chevelure.

« Ma chevelure est pareille au reflet de la lune sur les ondes.

« Donne-moi des roses pour ma chevelure. »

Je cueillis les églantines qui blanchissent les vallées,

Et je les semai sur les flots. « Et toi, que me donneras-tu en échange de mes roses ?

— *Je ne te donnerai rien.* »

Un soir d'automne, je vis l'Ondine qui sourit au fond des fjords.

« Donne-moi des fruits pour le festin des Sirènes et des Noyés…

« Ils se meuvent avec lenteur et leurs mouvements ont le rythme des marées.

« Leur âme est pareille à une conque où vibre éternellement le remous de la mer.

« Ils ne se souviennent d'aucun amour. »

Je cueillis les baies sauvages qui rougissent la montagne,

Et je les semai sur les flots.

« Ne me donneras-tu rien en échange des fruits de la montagne ?

— *« N'espère rien de moi. Je suis Celle qui ne donne jamais. Mais plutôt, jette dans mes mains tendues le collier d'or que jadis t'apporta l'Être aimé.*

« Car les Noyés m'apparaissent au fond de la brume, et leurs gestes suppliants me convient au festin… »

J'ôtai le collier d'or et je l'égrenai sur les flots.

« Donne-moi tes yeux, afin que tes regards ne soient jamais ravis par aucune autre vision de beauté…

« *Car les Noyés m'apparaissent dans la brume et leurs gestes suppliants me convient au festin.* »

J'arrachai mes yeux qui sombrèrent au fond des flots.

« *Donne-moi ton âme, afin que tu deviennes pareille aux Noyés, mes amants, qui ne se souviennent d'aucune tendresse humaine… *»

Et mon âme s'abîma dans les flots.

Je lui criai dans la brume :

« Ne me donneras-tu rien en échange de mon âme immortelle ?

— « *Je ne te donnerai rien.* »

Les deux Amours

I

Un pâtre errait sur la route qui côtoie les abîmes…

La brume estompait les montagnes et les solitudes buvaient le crépuscule,

Lorsqu'il vit s'avancer la Forme de son Rêve.

Son visage pâlissait à travers les voiles,

Elle avait le sourire des mortes amoureuses.

Et l'Ombre lui dit : « Me suivras-tu au royaume des Ombres ?

« Tu règneras à mon côté sur un peuple éternellement beau. »

La brume estompait les montagnes et les solitudes buvaient le crépuscule.

Au fond du soir, souriaient les visages lointains des Ombres.

Mais le pâtre répondit à la Forme de son Rêve :

« J'épouse demain ma fiancée.

« Ses yeux sont troubles comme les glaciers.

« Pour toi, je n'ai pu entrevoir la couleur de tes yeux.

« Ses lèvres ont la fraîcheur sauvage des roses dans les vallées.

« Je n'ai pu entrevoir le mystère de tes lèvres.

« Et sa chair virginale est pareille aux neiges attiédies du printemps.

« Je n'ai pu entrevoir l'inconnu de ta chair.

« J'épouse demain ma fiancée… »

La brume estompait les montagnes et les solitudes buvaient le crépuscule.

II

Il a repris le chemin qui côtoie les abîmes.

Il n'a pu oublier la Forme de son Rêve.

Les caresses de l'épouse lui laissaient une saveur grossière…

Il a repris le chemin qui côtoie les abîmes…

Et l'Ombre amoureuse l'attendait dans le soir ;

Elle lui dit : « Ô toi qui ne sais choisir,

« Ô toi qui hésites éternellement,

« Me suivras-tu sans crainte dans le royaume du songe ? »

Et le pâtre répondit à la Forme de son Rêve :

« Je n'ose abandonner à tout jamais la terre des vivants,

Je ne puis abandonner à tout jamais l'Épouse,

Mais, à l'heure du soir, je descendrai avec toi dans le royaume des Ombres,

Et, pendant une heure, je t'aimerai. »

III

Égaré dans la brume et trompé par le crépuscule, un vivant s'est épris d'un fantôme.

À l'heure du soir, le pâtre descendit avec l'Amoureuse mystique dans le royaume des Ombres,

Où les roses même ont d'étranges pâleurs, où les oiseaux ne chantent plus, où les lèvres n'ont point de baisers,

Mais où les reflets, plus beaux que les couleurs, et les échos, plus doux que les sons, ne heurtent jamais la paresse du Rêve.

Égaré dans la brume et trompé par le crépuscule, un vivant s'est épris d'un fantôme.

Pendant une heure, il fut Roi dans le royaume des Ombres.

Le trône de cristal incrusté d'émeraudes illuminait la salle du festin.

Sur le sol, autour des murs d'ivoire, parmi les coupes et les aiguières, des fleurs de neige étaient répandues.

Auprès de la Forme voilée, le pâtre songeait avec mélancolie que les vins du festin royal n'accordaient point l'ivresse,

Et que les lèvres des Ombres amoureuses ignoraient les baisers.

Il se souvenait des étreintes de l'épouse,

Étant de ceux qui ne savent point choisir, de ceux qui hésitent éternellement.

La brume estompait les montagnes et les solitudes buvaient le crépuscule.

Les Rivaux

LES RIVAUX

J'AI *connu des âmes sans repos dont la pensée demeure parmi les vivants.*

Dans un village de Nordfjord, deux hommes se haïssaient d'une haine profonde,

Car leurs richesses étaient égales, et, dès leur enfance, ils avaient été rivaux.

Le bruit de leurs querelles attristait le soir.

Enlinceulée des voiles du crépuscule, la Mort descendit dans le village :

Elle apparut à l'un des rivaux et l'emmena par la route des neiges sans avril.

Le survivant se réjouit en s'attablant au banquet,

Et l'aurore ne put dissiper son ivresse.

Il tenait le bonheur dans le creux de sa main,

Son domaine s'élargit, ses trésors s'amoncelèrent, il aima, et il fut aimé.

Celle qu'il aima et dont il fut aimé était plus claire que les sources du printemps.

On voyait dans ses yeux l'ombre violette des fougères sur les montagnes,

Vierge, elle aimait pour la première fois.

L'aube claire des épousailles approchait ;

Mais le Mort guettait silencieusement la joie de son rival.

Il le guettait dans le silence des chemins.

Il n'avait point respiré les lys des tombeaux dont le parfum donne l'oubli.

Il ne dormait qu'à demi dans la tiédeur consolante de la terre.

Et, du fond des solitudes éternelles, il fit signe à son rival.

À l'appel du mort, le vivant se glaça.

J'ai connu des âmes sans repos dont la pensée demeure parmi ceux qu'elles ont haïs ou qu'elles ont aimés…

Et le vivant tomba malade mystérieusement.

Mystérieusement, il s'en alla vers les chemins des neiges sans avril.

Car, du fond des solitudes éternelles, le Mort lui avait fait signe, le Mort l'avait appelé par son nom.

J'ai connu des âmes sans repos dont la pensée demeure parmi les vivants.

La Cité Humaine

LA CITÉ HUMAINE

Une bergère surprit un jour le labeur des Trolls.

Les Trolls travaillent sans relâche dans la nuit.

Ils font flamboyer d'immenses fournaises, ils y font monter et siffler les flammes, ils y jettent l'or et les rubis,

Car ils espèrent forger une lueur d'aurore.

Les Trolls travaillent sans relâche dans la nuit.

Et la bergère dit aux Trolls laborieux :

« Pourquoi vous agitez-vous ainsi dans les ténèbres ? »

Et les Trolls répondirent :

« Nous ne le savons pas! »

La bergère dit aux Trolls laborieux :

« Jamais votre labeur n'enfantera un rayon d'aurore,

« Et vous êtes las de travailler dans la nuit.

« Quittez vos enclumes et vos lourds marteaux et montez vers le soleil.

« Le vent du matin souffle à travers les blés,

« Les coquelicots rougissent l'herbe humide,

« Et le ciel se reflète au fond des fjords lumineux.

« Vous êtes las de travailler dans la nuit :

« Jamais votre labeur n'enfantera une lueur d'aurore.

« Quittez vos enclumes et vos lourds marteaux et montez vers le soleil. »

Les Trolls lui répondirent :

« *Nous ne savons pas le chemin qui mène au soleil :*

« *Laissez-nous à notre labeur dans la nuit.*

Et la bergère dit une dernière fois :

Pourquoi vous obstiner à votre tâche éternellement vaine ? »

Et les Trolls lui répondirent :

« *Nous ne le savons pas !* »

Les Trolls travaillent sans relâche dans la nuit.

La Vieille

35

LA VIEILLE

Iʟ *est, au cœur de la vallée, un étang que l'on nomme l'Étang mystérieux.*

Sur les eaux noires, jamais un roseau n'a frissonné, jamais un nénuphar n'a fleuri.

On le nomme l'Étang Mystérieux, car il est insondable et terrible,

Et nul n'en avait connu le fond,

Lorsque l'homme le plus audacieux des villages environnants résolut de découvrir le secret.

Il plongea dans l'onde opaque où le vent même venait s'évanouir sans jamais l'émouvoir d'un tressaillement.

Il plongea dans l'abîme dont nul n'avait jamais connu le fond.

Et, pendant trois jours et trois nuits, il tomba vertigineusement dans le vide.

Enfin il perçut une lueur d'aurore.

Et il entra dans la lumière.

Au-dessus, l'eau noire tournoyait.

L'homme était dans un jardin où les fleurs lui révélaient d'étranges dessins et des souffles inconnus.

Un lys avait la forme d'une étoile, une rose brûlait comme un soleil.

Parmi l'universelle beauté, une vieille était accroupie.

Elle étalait cyniquement la hideur des taupes et des crapauds.

Voûtée, elle semblait fléchir sous le poids des siècles.

De ses yeux éteints, elle regarda fixement l'intrus.

En vérité, elle avait la hideur des taupes et des crapauds.

Et elle lui dit :

« Je sais tous les secrets de l'amour. »

L'homme se détourna, pris de dégoût.

Mais elle reprit :

« Je sais toutes les voluptés. »

L'homme la repoussa avec horreur.

Mais elle lui dit :

« La beauté pâlit devant ma toute-puissance,

« Car je sais toutes les voluptés ! »

Et elle le baisa sur la bouche.

Elle avait la hideur des taupes et des crapauds,

Mais l'homme lui rendit son baiser…

Le plus audacieux des hommes n'a jamais reparu dans son village.

Il demeure à jamais enchaîné par le monstrueux enlacement…

Il est, au creux de la vallée, un étang que l'on appelle l'Étang Mystérieux…

L'Épouse Acariâtre

L'ÉPOUSE ACARIATRE

Le meunier du village avait épousé la fille d'un fermier.

Elle avait de pâles yeux bleus, mais sa bouche se fronçait d'un pli méchant.

Le mariage du meunier fut assombri d'infortune,

Car sa femme était acâriatre et jalouse,

Ses paroles tourbillonnaient comme le vent dans les ailes du moulin.

Dès l'aurore, et durant tout le jour, et durant le soir et la nuit,

Le meunier subissait les incessants reproches et les âpres querelles,

Parce que, dans la petite église, il avait longuement regardé la plus blonde des filles du village.

Sa vie, pendant de longs mois, fut plus amère que celle du captif au fond de la geôle.

Enfin, l'épouse acariâtre et jalouse mourut.

Et le meunier, dont les cheveux grisonnaient déjà, s'épanouit dans la félicité.

Mais il dissimula sa joie sous des apparences de douleur,

En tout lieu, il vanta hautement les mérites de l'épouse défunte.

Il parla d'amour à la plus blonde des filles du village.

Elle lui répondit en souriant.

Et, dans l'âme du meunier, fleurit le rêve des noces heureuses.

Or, parmi les ténèbres, il entendit tournoyer les grandes ailes du moulin ;

Leur souffle puissant lui apportait un écho de bruits plaintifs.

Il reconnut la voix de l'Épouse défunte.

La Morte lui disait avec tristesse :

« Tu as frémi d'horreur au son de mes plaintes inachevées.

« Et tu as craint un instant que je ne surgisse de la tombe où tu m'as ensevelie avec des larmes feintes et de faux sanglots.

« Certes, je fus la femme acariâtre, à la jalousie toujours en éveil,

« Mais je fus aussi la vierge amoureuse qui pâlissait au soupir des aveux.

« Je fus la blanche épousée qui tremblait, lorsque, âprement, tu ravageas sa couche liliale.

« Évoque les heures nocturnes où tes lèvres s'enivraient de la saveur de mon corps.

« Songe aux longs sommeils dans la tiédeur de nos chairs mêlées.

« Revis, ô mon époux ! les nuits où je t'aimais et où tu m'as aimée. »

Le meunier sentit se réveiller en lui le regret des caresses d'autrefois.

Il oublia les tourments, les soucis et les querelles, et ne retrouva plus dans sa mémoire que l'enchantement du premier amour.

Tout son être sombré en une immense douleur, s'enfuit vers le fjord.

Et son cadavre flotta longtemps sur les ondes vertes.

Ainsi mourut le meunier du village.

L'aube de ses noces inaccomplies resplendissait dans l'azur serein.

Les Fleurs sans Parfum

LES FLEURS SANS PARFUM

LA *bergère cueillait des fleurs sur la montagne,*

Lorsque la montagne s'ouvrit,

Et, des profondeurs surgit un Troll hideux et noir,

Plus noir que la nuit souterraine,

Plus hideux que les monstres de la mer.

Le Troll dit à la bergère :

« *Pourquoi viens-tu cueillir les fleurs de la montagne ?*

« *Ce sont de pauvres fleurs sans éclat qui se flétriront dans tes mains.* » La bergère répondit :

« Elles ont fleuri librement dans l'air des sommets. »

La bergère cueillait des fleurs sur la montagne.

Le Troll dit à la bergère :

« *Descends avec moi dans les profondeurs.*

« *Je te donnerai des fleurs qui ne se fanent jamais.*

« *Des fleurs plus roses que les roses du buisson,*

« *Plus bleues que les gentianes,*

« *Plus blanches que les pâquerettes.*

« *Viens cueillir avec moi les fleurs éternelles.* »

La bergère répondit :

« Je ne respirerai plus l'air des sommets.

« Mes pas ne fouleront plus la neige virginale des cimes.

« Je ne verrai plus le soir illuminer les hauteurs. »

Le Troll dit à la bergère :

« *Viens tresser avec moi les fleurs éternelles.* »

La bergère descendit dans la profondeur des montagnes.

Elle cueillit dans un jardin de ténèbres les rubis,

Plus roses que les roses de la montagne.

Elle cueillit les saphirs,

Plus bleus que les gentianes.

Elle cueillit les diamants,

Plus blancs que les pâquerettes.

La bergère cueillit les fleurs éternelles,

Mais elles n'avaient point de parfum.

Ses compagnes l'appelèrent du haut des rochers.

Ses compagnes l'appelèrent en pleurant.

Elle leur tendit les bras des profondeurs de la montagne.

Ses larmes coulèrent sur les fleurs sans parfum,

Mais elle ne put répondre à ses compagnes,

Car, déjà, elle avait oublié leur langage.

Elle ne respira plus l'air des sommets,

Ses pas ne foulèrent plus la neige virginale,

Car ses yeux s'étaient accoutumés à la nuit.

Elle était devenue aveugle dans la profondeur des montagnes,

Elle avait oublié le chemin qui mène aux sommets,

Elle avait perdu le désir de revoir les hauteurs.

DEUXIÈME PARTIE

To

La Sirène Muette

Au temps heureux où les roses de l'Hellade parfumaient l'Univers, les Sirènes chantèrent dans la nuit.

Elles chantèrent l'extase de la Mort, le charme d'une agonie voluptueuse et la fraîcheur du repos sous les ondes apaisées.

Mais, soudain, elles se turent en pâlissant, car la plus belle des Sirènes ne chantait plus.

Elle pleurait, — et ses larmes avaient la transparence glauque des flots de la mer.

Et ses sœurs immortelles lui demandèrent avec effroi :

« Ô Douceur de nos chants, pourquoi rester silencieuse au milieu des harmonies ? »

Elle scanda ces lentes paroles :

« Cette nuit, j'ai vu mourir Psapphâ de Lesbôs. Elle est venue sangloter sur le rocher de Leucade la douleur et l'effroi de son dernier amour.

« Et, parfois, elle chantait d'une voix étrange. Le vent du large emportait ses paroles. Je l'entendis murmurer ardemment :

« *Atthis, je t'ai aimée autrefois…* »

« Et ce fut un grand silence…

« Puis des noms sonores et doux s'égrenèrent sur ses lèvres :

« *Gorgô, Anactoria, Dica, Andromèda…* »

« Elle évoqua des chevelures et des parfums, des reflets et des échos, des frissons d'étoffes et des rayons d'étoiles, des sourires et des paroles, des aveux de vierges et des effluves de roses, tout l'incomparable passé.

« Elle s'enivra d'anciennes souffrances.

« Elle savoura les anciennes tristesses.

« Et, inclinée vers la mer, elle offrit à l'Aphroditâ cruelle et consolante sa dernière lamentation :

« *Immortelle Aphroditâ, fille de Zeus, tisseuse de ruses, toi dont le trône est de mille couleurs, je te supplie de ne pas briser mon âme dans la détresse et dans l'angoisse, ô Souveraine !* »

« Car, même au désespoir suprême, elle ne pouvait maudire la Déesse qui lui versa jadis tant d'amères félicités.

« Elle s'est jetée éperdûment dans la mer, et je vis la pâleur lointaine de son corps emportée par les vagues…

« Et c'est pourquoi, ô mes sœurs, je ne chanterai plus… »

Elle pleura, et ses larmes avaient la transparence glauque des flots de la mer.

À mon Amie

H. C. L. B.

Conte du Deux Novembre

CONTE DU DEUX NOVEMBRE

PARMI le charme atténué des meubles anciens, rêvait celui qui les avait si avidement, si obstinément acquis.

Sa collection de raretés antiques était peut-être sans rivale. Et, songeant aux années d'études et de fouilles, il se glorifia de sa longue patience et de la victoire consommée.

Une vieille horloge sonna lentement, doucement, d'un timbre comme alourdi par le poids du passé… Minuit…

Un nouveau jour éclosait dans les ténèbres.

Au fond des chambres ensommeillées, frissonna un léger bruit, léger comme un pas de femme, sinistre pourtant comme le craquement du bois d'un cercueil…

Et le vieil amateur, soudain réveillé de la paresse qui le berçait, sentit l'horreur de l'Inconnu le saisir dans la nuit.

Le bruit s'accentua, s'approfondit, se rapprocha, les coins d'ombre s'emplirent de mystère, et le silence se peupla de visions.

Tout un peuple de fantômes remua autour du vieillard pétrifié : spectres étranges et disparates, de toutes les époques, et de tous les pays.

Puisant enfin un peu de courage dans son épouvante, le savant parvint à distinguer parmi la foule d'ombres des formes et des visages. Son regard presque éteint s'arrêta sur un vieux noble anglais, dont le costume pittoresque évoquait le temps de la reine Anne… Le ventre replet faisait saillir le gilet de soie bleue semée de fleurs gracieusement roses. Le nez s'allumait, ardent, au milieu du visage congestionné… Le jovial revenant symbolisait la paix, l'ordre, le bien-être, la bonne chère, l'importance et la dignité. Et les lèvres sensuelles s'agitaient…

« Qui es-tu ? » interrogeait un écho de voix où perçait une inflexion de courroux.

« Comment usurpes-tu le bureau où, laborieusement, pendant de longues années, j'écrivis mes mémoires, souvenirs pâlis d'une jeunesse d'aventures et d'héroïques débauches ?

« Tu n'as même pas su découvrir le tiroir secret, si ingénieusement dissimulé, où dort, dans un éternel parfum d'amertume et de douceur, la dernière lettre que m'envoya la Bien-Aimée ! Car, de toutes les femmes qui passèrent dans mon existence, je n'aimai qu'une vierge.

« Elle avait des yeux de la couleur de l'eau de mer, des yeux doux comme un reflet ; de son corsage, à peine entr'ouvert, montait une odeur d'aubépine et de feuillages ; et jamais je ne la possédai… Mais que sais-tu de ces choses, toi qui dédaignes les étreintes et laisses couler les quelques heures de ton existence parmi l'ombre apaisée de l'Autrefois ?

— « Toi dont le sang placide n'a jamais brûlé de la fièvre des combats, qui n'as jamais aspiré comme la fumée des vins la vapeur rouge du sang versé, que fais-tu de mon épée glorieuse ? » gronda la voix profonde d'un Croisé dont l'armure blanchissait sous les rayons des étoiles.

« Lorsque je revins, rassasié de carnages, vers ma blanche châtelaine dont la tendresse était mêlée d'effroi, mes caresses avaient le relent âpre et voluptueux de la Mort… »

Un Chinois, dont le masque se tordait en d'affreuses grimaces et qui jetait avec volubilité d'incompréhensibles paroles, tournait autour du gong de bataille. Il semblait se lamenter de n'entendre plus le retentissement prolongé qui l'invitait aux massacres…

Une vieille ménagère hollandaise, à la ruche immaculée, pareille à un portrait de Rembrandt, cherchait en vain dans une commode pansue le linge délicat et doux au toucher qu'autrefois elle y rangeait avec tant d'ordre méticuleux…

Un jeune Florentin, aux yeux de fille perverse, éphèbe étrange, dont le corps avait des souplesses féminines, remettait à son doigt l'anneau dont l'émeraude creuse recélait jadis un poison secret et mortel…

Des pirates portugais se disputaient à coups de dague le butin payé de leur sang…

Des seigneurs de la cour de Louis XIII discutaient le mérite d'une pointe du Cavalier Marin…

Le vieil érudit sentait vaciller sa raison, lorsque ses yeux errants furent captivés par une délicate et poétique vision de marquise… La pâleur des cheveux poudrés atténuait la gaîté du jeune visage. Les impatientes lèvres semblaient brûler sous des baisers invisibles. Les mains avaient la douceur du velours. Les paupières palpitaient, et les prunelles s'embrumaient d'inexprimables langueurs.

Dans la voix, chantait l'écho des anciens aveux :

« Je m'attriste, disait-elle, à la pensée que ton lourd sommeil se vautre dans ce lit, enguirlandé de roses d'or, où j'ai si merveilleusement aimé !… Que sais-tu de l'amour, toi qui dors solitaire ? C'est sur un oreiller sans repos que jadis j'ai répandu la neige odorante de ma chevelure… Mes lèvres avaient le parfum d'une fleur et la saveur d'un fruit… Les instants de la nuit passaient ardents et brefs comme les éclairs d'été, et, lorsque je m'endormais enfin, brûlante et lassée, c'était pour rêver encore d'enlacements et d'étreintes…

« Le goût de l'amour me consume dans la mort, et je suis revenue, insatiable amante, afin de chercher l'ombre des baisers dont le souvenir me tourmente dans l'au-delà.

« Car rien de l'infini ne vaut l'heure d'incertaine volupté… »

Une lueur de crépuscule l'interrompit :

C'était l'aurore… La clarté grise s'élargit, se rapprocha, et, devant le jour qui dissipe les illusions et ramène la vérité, les fantômes se dissipèrent.

To

Undine

and

The Water-Lily

Légende du Saule

55

LÉGENDE DU SAULE

Lᴇs premiers souffles du printemps s'attiédissaient.

Les forêts étaient lourdes de la vie intarissable des plantes et du rut des animaux.

Les Nymphes violées s'évanouissaient de leurs amoureuses blessures et les Hamadryades elles-mêmes, dans leurs temples d'écorce et de feuillages, n'étaient plus à l'abri de l'attaque des Faunes.

Lasse de l'universel accouplement, infiniment lasse de contempler la brutalité des étreintes, la plus jeune parmi les Hamadryades avait élu comme retraite un arbre aux feuilles presque blanches et mélancoliquement tombantes qui prolongeaient sur le fleuve leurs reflets d'argent.

Assoiffée de la limpidité, de l'innocence de l'eau, elle se pencha avidement vers la clarté mouvante et sonore des ondes. Et elle supplia les Divinités du Fleuve de lui accorder la fraîcheur du repos et l'oubli des caresses.

Comme elle s'inclinait, elle crut apercevoir une chevelure aux blondeurs pâles flottant à la surface de l'eau avec des fluidités d'algues.

Et, se rapprochant davantage de cet éclair humide, elle crut voir des yeux, d'un bleu subtil comme le bleu des flots, un regard mobile et fuyant comme le flux et le reflux de la rivière elle-même…

Divinement et terriblement éblouie, elle vit la Naïade lui sourire d'un sourire qui semblait attirer et promettre, et elle eut le pressentiment des mortelles amours…

Revenue à la conscience d'elle-même, elle chercha de nouveau, mais en vain, l'illusion mystérieuse de ce visage.

Le songe avait disparu.

Un frémissement de l'eau marquait seul la place où tremblait l'ondoyant sourire limpide.

Elle s'inclina davantage, toujours plus éprise de cette ombre de Naïade, de ce rêve de beauté fugitive et d'amour incertain.

Ses cheveux, d'un vert argenté, trempèrent dans le fleuve et se mêlèrent aux roseaux et aux iris blancs.

Un frisson d'épouvante et de désir fit tressaillir jusqu'aux racines de l'être son long corps flexible et frêle…

Elle attendit… — Par un clair de lune d'hiver, elle crut avoir retrouvé la chevelure pâle, lumineusement répandue, mais ce n'était qu'un étincellement de l'eau frissonnante d'étoiles… Alors, elle désespéra…

Les nénuphars, ces lys étranges des lacs et des rivières, jaillis du sommeil de l'onde, chastes et froids comme elle, les nénuphars semblaient les fronts noyés des vierges amoureuses qui, jadis, avaient cherché l'oubli dans la profondeur du lit fluvial.

Les iris blancs avaient la mélancolie des délaissés… Tout pleurait la tristesse et l'abandon…

Dans un élan de passion et de prière, l'Hamadryade jeta un dernier appel vers les remous nocturnes…

« Ô Forme éclose du frémissement des ondes, ô Toi qui incarnes en ton corps ondoyant toutes les grâces du fleuve, ô Beauté qui glisses entre les bras, qui fuis les étreintes, qui échappes aux baisers, ne reviendras-tu jamais m'accabler et me ravir de ton charme à demi révélé ? »

Nul souffle ne frôla le sommeil des flots, et l'Hamadryade amie du Saule comprit que l'attente de l'amour est vaine comme le sourire de l'eau qui lui fit entrevoir l'image perfide d'une Naïade.

Mais, possédant la vie immortelle de toutes les Divinités de l'impérissable Hellas, elle ne put oublier sa douleur… Elle est l'Affligée, elle est l'Inconsolable et pleure éternellement dans les fleuves ses longues larmes vertes.

L'Impossible Perfection

L'IMPOSSIBLE PERFECTION

Un homme, soucieux de développer son âme jusqu'à la perfection, méditait longuement les paroles des Saints et des Prophètes.

« Le Christ, songea-t-il, ne fut point l'Être parfait. Il versa le pardon sur les abominations commises mais l'abîme du péché lui était inconnu. Ce Dieu qui s'est fait homme a ignoré la moitié des joies et des douleurs humaines…

« Il fut étranger à l'éblouissement du désir et aux angoisses magnifiques du remords.

« Celui qui n'a point péché n'est point l'Être parfait. »

Et l'homme qui aspirait à la beauté absolue de son âme décida de connaître toutes les défaillances et toutes les luxures qui damnent et qui sauvent les hommes.

Il voulut savoir le charme du meurtre.

Et, sachant que la vie moderne n'offre qu'un sol appauvri où s'étiole la fleur sanglante du crime, il s'enfuit vers les ardents et libres espaces.

Parmi l'or des coupes renversées et dans le souffle des roses, il ordonna de brûler des femmes nues.

Il inventa de raffinés supplices où l'amour épousait la mort.

Avant de les crucifier, il s'enivra de la passivité des éphèbes, de la pollution des enfants.

Un soir, il incarna Héliogabale, une nuit, il ressuscita Néron.

Puis, lassé, il revint vers l'incomplète civilisation. Il fut le Joueur dont la marche triomphale sème des milliers de ruines.

Autour de sa demeure, grimaçaient des visages de faim et de désespoir.

Il avait entendu l'appel des détresses et le râle des suicidés.

Dans la pourpre d'un crépuscule d'été, il viola sa sœur. Et, secrètement, il tua son père.

Il fut le voleur anonyme qui détrousse les passants dans le mystère des rues et dans l'ombre des routes.

Il fut le vulgaire assassin qui s'endort sur le cœur attendri d'une prostituée.

Il connut tous les dégoûts, toutes les hontes, toutes les lâchetés et toutes les gloires.

Puis, retrouvant la large paix des campagnes d'automne, il songea au repentir. Il se souvint de ses aspirations surhumaines d'autrefois…

Mais, devant l'insignifiance de ses crimes, devant la médiocrité des forfaits les plus énormes, il ne put goûter la sombre et mystique splendeur du Repentir.

Il rêva d'une mort magnanime qui laisserait au fond du cœur des êtres un éternel reflet d'horreur et de pitié. Et la fièvre banale vint, un jour, le surprendre dans son lit.

Ainsi passa celui à qui il avait manqué peu de chose pour devenir l'Être parfait.

La Genèse Profane

LA GENÈSE PROFANE

I. — Avant la naissance de l'Univers, existaient deux principes éternels, Jéhovah et Satan.

II. — Jéhovah incarnait la Force, Satan la Ruse.

III. — Or, les deux grands principes se haïssaient d'une haine profonde.

IV. — En ce temps-là, régnait le Chaos.

V. — Jéhovah dit : « Que la lumière soit. » — Et la lumière fut.

VI. — Et Satan créa le mystère de la nuit.

VII. — Jéhovah souffla sur l'immensité et son haleine fit éclore le Ciel.

VIII. — Satan couvrit l'implacable azur de la grâce fuyante des nuages.

IX. — Des mains laborieuses de Jéhovah surgit le printemps.

X. — Satan rêva la mélancolie de l'automne.

XI. — Jéhovah conçut les formes robustes ou sveltes des animaux.

XII. — Sous le furtif sourire de Satan, jaillirent les fleurs.

XIII. — Jéhovah pétrit de l'argile. Et, de cette argile, il fit l'homme.

XIV. — De l'essence même de cette chair fleurit, idéalisée, la chair de la Femme, œuvre de Satan.

XV. — Jéhovah courba l'homme et la femme sous la violence et l'étreinte.

XVI. — Satan leur apprit la subtilité aiguë de la caresse.

XVII. — Jéhovah forma de son haleine l'âme d'un Poète.

XVIII. — Il inspira l'Aède d'Ionie, le puissant Homère.

XIX. — Homère célébra la magnificence du carnage et la gloire du sang versé, la ruine des villes, les sanglots des veuves, les flammes dévastatrices, l'éclair des épées et le choc des combats.

XX. — Satan s'inclina, vers le couchant, sur le repos de Psapphâ, la Lesbienne.

XXI. — Et elle chanta les formes fugitives de l'amour, les pâleurs et les extases, le déroulement magnifique des chevelures, le brûlant parfum des roses, l'arc-en-ciel, trône de l'Aphroditâ, l'amertume et la douceur de l'Erôs, les danses sacrées des femmes de la Crète autour de l'autel illuminé d'étoiles, le sommeil solitaire tandis que sombrent dans la nuit la lune et les Pléiades, l'immortel orgueil qui méprise la douleur et sourit dans la mort et le charme des baisers féminins rythmés par le flux assourdi de la mer expirant sous les murs voluptueux de Mitylène.

TABLE

Achevé d'imprimer

le vingt et un juin mil neuf cent deux

PAR

ALPHONSE LEMERRE

6, RUE DES BERGERS, 6

À PARIS

3. — 3828.